ADONI KPELE HERVE

COTE D'IVOIRE : DU COUP D'ETAT DE 1999 AU FORUM DE RECONCILIATION NATIONALE

Éditeur: Upway Books
Auteur: ADONI KPELE HERVE
Titre: COTE D'IVOIRE : DU COUP D'ETAT DE 1999 AU FORUM DE RECONCILIATION NATIONALE
ISBN: 978-1-917916-86-8
Couverture réalisée sur: www.canva.com

Ce livre est un ouvrage de non-fiction. Les informations qu'il contient sont basées sur les recherches, l'expérience et les connaissances des auteurs au moment de la publication. L'éditeur et les auteurs ont fait tout leur possible pour garantir l'exactitude et la fiabilité des informations, mais ils 'assument aucune responsabilité en cas d'erreurs, d'omissions ou d'interprétations contraires du sujet traité. Cette publication n'est pas destinée à se substituer à un avis ou à une consultation professionnelle. Les lecteurs sont encouragés à demander l'avis d'un professionnel si nécessaire.

contact@upwaybooks.com
www.upwaybooks.com

Résumé

Le coup d'État de 1999 met fin à l'exception ivoirienne dans le concert des nations africaines, jugées stables après les indépendances des années 1960. Les rivalités politiques, fondées sur des replis identitaires depuis le décès du premier président, plongent le pays dans une instabilité permanente qui peine à trouver une solution durable malgré les multiples initiatives, comme le forum de réconciliation nationale. Les acteurs politiques continuent de surfer sur la fibre régionale pour alimenter le débat politique. Ce qui ne fait que fragiliser le tissu social.

Mots clés : coup d'Etat – crise – politique – réconciliation

Abstract

The 1999 coup put an end to the Ivorian exception in the concert of African nations, considered stable after the independence of the 1960s. Political rivalries, based on cultural isolationism since the death of the first president, plunged the country into ongoing instability which struggles to find a long-term solution despite many initiatives, such as the national reconciliation forum. Political actors continue to surf on the regional fiber to fuel the political debate. Which only weakens the social fabric.

Key words: coup - crisis - politics - reconciliation

TABLE DES MATIERES

INTRODUCTION

La mort de Félix Houphouët-Boigny le 7 décembre 1993 ouvre une ère de compétition politique qui débouche sur une période de tensions entre les acteurs politiques ivoiriens du moment. Ces tensions atteignent leur point culminant le 24 décembre 1999 qui voit le renversement du pouvoir du Président Henri Konan Bédié par un groupe de militaires dirigé plus tard par le Général Robert Gueï. Cette prise de pouvoir par les armes traduit une rupture brutale dans l'histoire politique de la Côte d'Ivoire qui était un havre de paix depuis son indépendance en 1960 et inscrit ce pays sur la longue liste des pays africains ayant connu des crises sociopolitiques après leur indépendance. Après ce coup d'état qui a fragilisé le tissu social, les autorités ivoiriennes ont organisé un forum de réconciliation nationale en 2001, dont l'objectif est de tourner la page des tensions politiques que connaît ce pays. Pour mener cette étude, plusieurs recherches ont été effectuées dans les différentes bibliothèques de la place ainsi que sur le Net. L'analyse des différents supports nous a permis de dégager la problématique suivante :

Dès lors, comment sommes-nous arrivés à cette situation ? Comment s'est déroulé ce coup d'état ? Et quels en sont ses conséquences et moyens de résolution d'où le forum de réconciliation nationale ?

Pour répondre à ces interrogations, il convient sucessivement de faire ressortir le contexte qui prévalait avant cette prise de pouvoir par les armes, de montrer les étapes de ce coup d'état et d'apprécié les effets de ce putsch dans l'histoire politique de la Côte d'Ivoire.

I- LE CONCEPT DE L'IDENTITE

1 -de l'identité à la recherche d'une identité nationale

S'il est un sujet qui gagne en popularité depuis l'ère de la mondialisation, c'est celui de l'identité nationale. Il passionne, il dérange, il tue. La question de l'identité est un domaine d'investigation dans lequel le discours scientifique se contente volontiers « de reprendre le discours idéologique des organisations militantes sans beaucoup d'égards pour la réalité des faits » selon Jean-François Bayart en 1996. Aborder la question identitaire au travers de l'identité revendiquée par les nationalismes est donc dangereux. Et pourtant en France, aux États-Unis, en Afrique du Sud, en Côte d'Ivoire, cette question revient très souvent dans la vie politique et sociale. Il faut donc en parler.

En Côte d'Ivoire, depuis le milieu des années 1990, le débat semble occuper les médias avec le concept « d'ivoirité » promu par le Président Henri Konan Bédié, en 1995. La crise militaro-politique qui a secoué le pays de septembre 2002 à avril 2011, aurait des liens avec des possibles frustrations identitaires. La thématique abordée ici n'est donc pas si simple à discuter. Demandez au voisin de s'identifier, il vous présentera fièrement sa carte nationale d'identité. Pourtant une carte d'identité ne dit pratiquement rien sur votre identité. Bref, il est très difficile de se déterminer de manière identitaire, si l'on n'a pas défini d'abord ce que l'on veut dire par là. Fondamentalement, c'est une coque vide qui laisse transparaître les travers d'une posture vectorisée principalement par la question de l'identité. Cela impose de regarder de près le concept d'identité dans un premier point.

2- L'identité, un concept difficile à définir

Selon le *Petit Robert* : « Identité : caractère de ce qui demeure identique à soi-même ». Ce que nous sommes devant nous-mêmes et devant les autres, c'est l'identité. C'est ce qui est identique à quelque chose d'un point de vue littéraire. Cette définition reste difficilement applicable aux êtres humains. L'identité est un phénomène qui évolue tout le temps. Il devient donc difficile de donner une définition à une identité qui, elle, est multiforme et polysémique. Mais soyons clair, l'identité ne doit pas être confondue avec la ressemblance. Pour être identiques, deux choses devraient être indiscernables. Or, aussi semblables soient-ils, les êtres diffèrent toujours en quelques points. Qu'à cela ne tienne, l'identité ne doit pas être confondue non plus avec l'égalité, qui suppose que des individus sont traités de la même manière, non qu'ils sont identiques.

À la recherche d'une bonne définition, disons-le sans retenu, que la question de l'identité soulève deux interrogations philosophiques.

Premièrement, si les réalités existantes sont identiques à elles-mêmes, alors comment peut-on expliquer qu'elles connaissent des changements ? le problème se pose particulièrement pour l'identité subjective : qu'est-ce que ce vieillard a de commun, physiquement et moralement, avec le jeune homme qu'il était jadis ? Se pose alors la question de l'identité réelle du Moi.

Deuxièmement, comment expliquer le fait qu'on puisse attribuer à des choses ou à des êtres des propriétés qui ne leur appartiennent pas en propre ? Lorsqu'on dit que « DIGBEU est ivoirien », on affirme de DIGBEU une qualité qui est « autre » que lui, puisqu'elle pourrait être affirmée de YAO ou de GON. Finalement l'identité des choses ne nous réduit-elle pas à des tautologies : à dire des choses uniquement qu'« elles sont » ? Ou qu'elles « sont ce qu'elles sont » ?

D'un point de vue sociologique, il y a des domaines où la définition d'une identité pose problème. En dehors des objets physiques, pour les sciences naturelles et surtout les sciences humaines, la définition extérieure d'une identité est plus complexe.

Qu'il s'agisse d'une société, d'un groupe ou d'un individu, la définition de leur identité peut faire appel à une catégorisation de référents identitaires. Il s'agit des référents matériels et physiques (les possessions, les potentialités, les apparences physiques), les référents historiques (les origines, les événements marquants, les traces historiques etc.), les référents psychoculturels (le système culturel, la mentalité, le système cognitif) et les référents psychosociaux (les référents sociaux, les attributs de valeur sociale, les potentialités à venir). Finalement, l'identité peut avoir la structuration suivante : identité matérielle (morphologie, organisation), identité propre (situation propre, l'origine et le passé, les potentialités propres), identité sociale (les symboles et signes extérieurs, les images de l'identité venant des autres).

3- La cote -d' ivoire à la recherche d'une identité nationale

La convergence des vagues migratoires Simon Pierre EKANZA, Professeur titulaire en Histoire, situe clairement le sens de ces différentes migrations vers la Côte d'Ivoire.

Dans « Côte d'Ivoire : terre de convergences et d'accueil (XV-XIX siècle), Histoire de la Côte d'Ivoire », paru en 2006, aux éditions CERAP, en 2006, le professeur Simon Pierre EKANZA, écrit : « Avec le XVème siècle, s'ouvre une ère de migrations qui ont toutes, pour point de convergence le territoire ivoirien actuel…outre le nord, l'ouest et l'est, le centre et le sud du pays sont également l'objet d'invasions successives de plusieurs groupes de populations, tout au long des siècles suivants ».

La première vague de migration concerne les Mandé. Partis du déclin de l'empire du Mali à la recherche d'opportunités économiques, les Mandé repoussent les Senoufos déjà installés vers le Sud. Les Dan ou Yacouba, les Gouro et Toura constituent les principaux peuples de ce groupe. Les mandé du Nord ou Manding sont constitués de Malinké venus du Mali et installés dans le Nord-Ouest. Quant aux Dioula, ils se sont plus installés à l'Est.

Le groupe Voltaique ou Gur venu de la Haute Volta, est constitué de Senoufos déjà installés au Nord du territoire ivoirien, de Koulango au Nord-Est. Ces anciens ont vu leur territoire empiété par l'arrivée des Lobi, établis dans l'extrême Nord-Est. Les Tagbana et les Djimini appartiennent à ce groupe.

Le groupe Krou, venu du Libéria, s'installe progressivement dans le Sud-ouest de la Côte d'Ivoire. Il est composé d'une quinzaine d'ethnies dont les principales sont les Bété, les Bakwé, les Dida, les Godié, les Krou et les Wê. La mise en place du groupe Krou serait plus ancienne que les Akan Les Akan, venus du Ghana comprennent les Agni et les Baoulés qui s'installent à l'Est et au Centre-Est pendant que les Abron s'établissent dans la région de Bondoukou. Quant au sous-groupe lagunaire (Ebrié, Adjoukrou, Alladjan etc.), ils s'installent dans la partie Sud. Les grands mouvements de populations ont entrainé l'émergence et la formation d'aires culturelles. Pour Pierre EKANZA, « C'est aux XVII et XVIII siècles que les mouvements les plus importants verront le jour. A la fin de cette période, à la suite des flux continus d'immigration, les grandes aires culturelles sont quasiment constituées ». Devenue colonie française le 10 mars 1893, le territoire de la côte d'ivoire va connaître l'administration et l'exploitation à travers la construction du chemin de fer, des routes et la réalisation d'autres grands travaux, lesquels ont nécessité l'acheminement de nouveaux courants migratoires en provenance de l'étranger dictés par le besoin en main d'œuvre.

En plus de la main d'œuvre africaine, on a aussi enregistré l'immigration de travaîlleurs peu qualifiés venus de la Syrie et du Liban, et qualifiés, originaires de la France. Ce « peuplement colonial » à caractère organisé et discipliné contrairement à celui d'avant la colonisation, a contribué à accroitre l'effectif de la population ivoirienne. Comme on le voit, la Côte d'Ivoire est une poussière d'ethnies venues d'horizons divers par vagues migratoires. Il reste donc important d'œuvrer au maintien de la cohésion nationale. Pour ce faire, la recherche d'une identité nationale est très utile.

L'identité nationale est une expression qui a fait son apparition dans les années d'indépendance dans les pays en développement. Par définition, il s'agit d'un sentiment qui habite des individus qui appartiennent à une même et unique nation. Par extension, l'identité nationale peut aussi bien être ressentie par une personne qui n'est pas originaire d'un pays donné mais qui y a vécu une grande partie de sa vie. À titre d'exemple, l'on peut prendre le cas d'une personne qui se sent comme étant un « vrai ivoirien » lorsqu'il a en main le document officiel faisant de lui un citoyen de nationalité ivoirienne.

L'expression « identité nationale » est d'ailleurs utilisée pour désigner les points communs que partage un ensemble d'individus lesquels reconnaissent leur appartenance à une patrie donnée. Une identité devrait normalement être un sentiment unique et propre à chaque personne.

Si l'on se réfère à la sociologie, l'identité nationale correspond à une définition complètement opposée dans la mesure où elle est partagée avec d'autres personnes qui éprouvent le même sentiment et bien souvent, pour les mêmes raisons. Dans tous les cas, l'identité nationale apparaît le plus souvent après avoir discerné des repères dans la communauté au sein de laquelle l'on vit et après s'être rendu compte que les autres membres de cette même communauté affichent des points communs. Les manifestations et les éléments déclencheurs du sentiment d'identité nationale sont nombreux et diversifiés. Il est souvent question de « codes » et de « points communs » que chaque membre d'une nation reconnaît chez un autre membre de cette même nation.

Finalement la recherche d'une identité nationale s'apparente à celle d'une identité collective puisqu'on cherche à définir l'identité d'une nation par le truchement de sa permanence historique, de ce qui la distingue des autres nations et de sa cohésion interne. C'est une collecte d'informations ou de critères prétendument objectifs de « constance, d'unité et de reconnaissance du même ».

L'IVOIRITE: UN CONTEXTE POLITIQUE, ECONOMIQUE ET MILITAIRE DÉLÉTÈRE

Le coup d'état de 1999 trouve ses origines au début des années 1990 marqué par un climat politique, économique et militaire fragile. Cela s'est matérialisé par la diffusion de la charte du nord et du concept de l'ivoirité, les querelles autour de la succession du président Houphouët auxquelles dans un contexte de crise économique et les relations tumultueuses entre les acteurs politiques de l'époque.

1-Historique du concept d'ivoirité

Le mot et l'idée d'ivoirité sont apparus en 1974, créé par Pierre Niava parlant de l'œuvre et du projet d'un jeune intellectuel, Niangoran Porquet. L'ivoirité est un concept visant à définir la nationalité ivoirienne. Il s'appuie sur des notions culturelles et vise à promouvoir les cultures et productions nationales. Ce concept d'ivoirité est soutenu par les conclusions d'une réflexion prospective dénommée "Cote d'Ivoire 2000" effectuée en 1974 par un groupe de 150 intellectuelles ivoiriens sous l'égide du ministère du plan dirigé par Mohamed Diawara et celui des finances de Henri Konan Bédié.

150 sommités , originaires des 4 coins du pays et issues de différents domaines d'activités professionnelles se réunissent pendant 3 mois, pour réfléchir sur l'avenir de la Côte d'Ivoire. Six thèmes sont analysés : l'éducation, l'agriculture, l'industrie, l'emploie, l'urbanisation et le type de société pour la cote d'ivoire de l'an 2000. Dans la synthèse des travaux sur le thème du type de société on peut retenir qu'en 1973 la Cote d'Ivoire avec ses 6 millions

d'habitants est sous peuplé. Les auteurs de cette réflexion considèrent que la population ivoirienne est menacée par une immigration incontrôlée. Ils estiment qu'une trop grande égalité de statut entre nationaux et étrangers serait préjudiciable à la longue aux ivoiriens. D'autre part, les auteurs de cette réflexion notaient que la présence trop importante d'étrangers sur le territoire national pouvait jouer contre la conscience des ivoiriens d'appartenir à une nation.

Il était question d'ivoiriser les emplois, le capital et le management des commerces libano-syriens et des commerces africains non ivoiriens. Comme solution ils proposaient: La protection des ivoiriens à travers les emplois et l'approbation des terres ; le développement d'une politique nataliste ivoirienne pour contre carrer la très forte pression démographique étrangère ; l'enseignement de l'instruction civique à l'école ainsi qu'un certain nombre de valeur ivoirienne. Cependant, cette réflexion n'était pas dirigée contre les étrangers. C'est pourquoi il était même préconisé l'intégration de ceux qui se sont installés de longue date en Côte d'ivoire.

Le résultat des conclusions de cette étude prospective ont été intégrés dans plan quinquennal de développement économique, social et culturel 1976-1980. "Cote d'ivoire 2000 " , cette étude qui devait tenir lieu de projet de société tombe dans l'oubli avec le départ du gouvernement de Bédié et de Mohamed Diawara, les deux ministres à l'initiative de cette réflexion. Vingt ans après, lorsque Henri Konan Bédié accède à la magistrature suprême, la population ivoirienne a quasiment doublé. Un individu sur trois est étranger. L'an 2000 est proche et Henri Konan Bédié compte bien mettre en œuvre les conclusions de cette étude pour le progrès pour tous et le bonheur pour chacun.

2- L'ivoirité comme la quête d'une identité culturelle propre à l'ivoirien

Dans un pays comme le nôtre qui est une véritable mosaïque d'ethnies, le problème du vivre ensemble se pose toujours avec acuité. La recherche d'une identité culturelle est une voie sérieuse vers le véritable vivre-ensemble.

L'identification peut être individuelle, culturelle et sociale. Même si l'identité personnelle est déterminée par les structures mentales et les processus psychologiques, elle se construit dans le cadre d'expérience totalement singulière. L'individu se trouve inséré dans des institutions canalisant son action et lui fournissant des justifications symboliques. L'individu se socialise et construit son identité par étapes, au cours d'un long processus qui s'exprime fortement de la naissance à l'adolescence et se poursuit à l'âge adulte. De manière permanente, l'image qu'il bâtit de lui-même, ses croyances et représentations de soi constituent une structure psychologique qui lui permet de sélectionner ses actions et ses relations sociales. La construction identitaire et l'image de soi assurent ainsi des fonctions essentielles pour la vie individuelle et constituent l'un des processus psychiques majeurs. L'individu, on vient de le voir, trouve ses modèles dans son environnement social, le plus souvent présent quelques fois passé. Il peut se référer à des normes, ou aux valeurs d'un groupe.

Parlant d'identification culturelle, c'est une manière pour l'individu d'intégrer le système culturel qu'il se représente. Il prend pour référence, les valeurs, normes et conduites d'un groupe qui n'est pas son groupe d'appartenance. Il en découle que c'est l'identification des membres d'un groupe à un modèle culturel commun qui assure l'unité symbolique du groupe. Chaque membre du groupe doit évaluer ses actions avec le regard d'un « *Autrui généralisé* ».

L'identification culturelle d'une collectivité peut aussi se faire par rapport à ses mythes, aux phases de son histoire et à ses héros. Selon Malinowski (1933), le mythe rempli une fonction sociale, exprime, rehausse et codifie les croyances, il sauvegarde les principes moraux et les impose, il garantit l'efficacité des cérémonies rituelles et offre des règles pratiques à l'usage des hommes, bref il assure la cohésion du groupe en réaffirmant les éléments culturels clefs de son identité.

Concernant la Côte d'Ivoire, l'histoire n'a pas retenu si ce jour-là du 21 Novembre 1974, il faisait beau temps. Mais aucun des Ivoiriens qui arpentaient les rues d'Abidjan n'a pu se douter que sous la plume de Pierre Niava, vient de naître le mot « ivoirité ». Dans un article intitulé « De la griotique à l'ivoirité », évoquant la pensée du penseur, artiste et écrivain Ivoirien Niangoranh Porquet, Pierre Niava promulgue ainsi le concept d'ivoirité dans toute sa virginité. Ramsès Boa Thiémélé (2003) ne dit pas autre chose lorsqu'il écrit « *Dans un article publié en 1974, Pierre Niava, rendant compte des activités artistiques d'un jeune créateur, fait de la Griotique un « des éléments d'approche d'un nouveau concept, celui de l'ivoirité. Il est né d'une prise de conscience d'une gamme de traits et de caractères propres à l'Ivoirien. Ce concept, pour être dynamique se donne une orientation prescriptive, tendant à maintenir, à développer et à renforcer ce qui existait déjà. L'ivoirité est un concept multiforme englobant la dynamique socio-économique, le triomphe culturel dont le tenant artistique est la Griotique, la pensée de l'homme ivoirien dans toute sa profondeur* » (Pierre Niava, « De la griotique à l'ivoirité » in *Fraternité Matin* du 21 novembre 1974, p. 14, cité par Boa Thiémélé, *op. cit.*, p. 88).

L'ivoirité culturelle pourrait être un vecteur unificateur des ivoiriens, autour des valeurs morales, spirituelles et socio-anthropologiques partagées de tous. D'ailleurs, tout peuple doit avoir son identité propre, ce qui le distingue des autres. L'hospitalité ivoirienne en est une parfaite illustration.

Pour Niangoranh-Bouah, l'ivoirité doit être considérée comme « des données socio-historiques, géographiques et linguistiques » qui font qu'un ivoirien est ivoirien. Dans ce cas, l'ivoirité c'est « les habitudes de vie, c'est-à-dire les manières d'être et de se comporter des habitants de la Côte d'Ivoire » selon Akindès (2003). À notre sens, l'histoire confirme la sincérité du penseur puisque les années 1970 grouillent d'inventions positives quant aux termes revendiquant la spécificité culturelle de l'Afrique. Senghor a parlé de « Sénégalité » et Mobutu, « d'authenticité africaine ».

3- De la charte du nord au concept de l'ivoirité

En 1991, paraît une Charte nordiste anonyme, intitulée « Le Grand Nord en marche », largement diffusée sous forme de tract, puis reprise en tant qu'extraits dans différents journaux (Christophe Sandlar, 2005, p.297). Cette charte, dès la première page lance un appel à l'union de tous les ressortissants du nord de la Côte d'ivoire. Ce document[1] porte lui les germes de la crise identitaire qui secouera le pays dans la décennie suivante. Cette charte tire argument du sous-développement du Nord pour y victimiser les populations et tente de faire de semblable posture un ressort de mobilisation important. Par ailleurs, elle insinue qu'alors que les Akan du Sud boudaient le RDA[2], les

---

[1] Cette charte du nord est disponible en ligne à l'adresse : http://www.cairn.info/revue-outre-terre-2005--2-page-269-htm sous le titre *« Document historique II, le Grand nord en marche ; la nouvelle charte nordique »*

[2] Rassemblement démocratique africain dont faisait partie le PDCI, le Parti démocratique de Côte d'Ivoire, ancien parti unique

populations du Nord et leur leader de l'époque, Gbon Coulibaly, auraient été jadis à la pointe du combat anticolonial. Les auteurs de ce document ont donc grandement contribué à la crise identitaire actuelle en accentuant avec force la confusion Grand Nord, Dioula, étranger et Alassane Ouattara qui préexistait. De plus, les réponses ambiguës d'Alassane Ouattara aux questions concernant cette charte donneront l'impression qu'il y était plus ou moins associé, ou qu'il en partageait au moins l'esprit (Christophe Sandlar, 2005, p.298).

Le 1er octobre 1992, ADO, au plus fort de sa lutte contre Henri Konan Bédié, ira lui-même dans le même sens lors d'une visite officielle au Nord : « *Je suis fier d'être du Nord, de cette grande région du Nord qui faisait partie d'un autre pays, la Haute-Volta, à un moment donné. La Côte d'Ivoire allait, à l'époque, de Korhogo à Bobo Dioulasso. Peut-être qu'en l'an 2000, la Côte d'Ivoire ira encore jusqu'à Niamey. C'est cela l'Afrique, et c'est ce que nous devons rechercher et non le micro nationalisme qui donne une localisation régionale de la nationalité de la personne* [3] ». Le chercheur Coulibaly Tiémoko, quant à lui, analyse la tournée d'ADO au Nord comme point de départ de sa stratégie national-régionaliste : « [ADO] commença à courtiser très tôt l'électeur nordiste musulman, allant jusqu'à effectuer une tournée dans le nord du pays au plus fort de la guerre de succession avec le dauphin constitutionnel » (Coulibaly Tiémoko, 1995, p.14).

Comme nous pouvons le constater, cette charte du nord avec le prétexte du sous-développement de cette région, a été, au regard des discours tenus plus tard, implicitement une stratégie voilée de quête du pouvoir au profit d'Alassane Ouattara en s'appuyant sur la fibre régionale nordiste. Dans ce

---

[3] *Soir Info*, 1er août 2000, cité par Christophe Sandlar.

contexte déjà délétère intervient le concept de l'ivoirité qui sera diversement interprété.

Le 7 décembre 1993, Henri Konan Bédié accède au pouvoir. Il va prôner un nouveau concept connu sous le vocable ''ivoirité''. L'ivoirité est définie par le Cercle Universitaire de Recherche et de Diffusion du président Henri Konan Bédié. Celui-ci publie la revue culturelle *Ethnics*. Dans le n°1 de 1997, à la page 75, Jean Marie Adiaffi définit le concept d'ivoirité, lancé par Bédié avant les élections de 1995, de la manière suivante : « L'ivoirité est l'ensemble des valeurs spirituelles, esthétiques, ethniques, matérielles, intellectuelles, constituées par tous les peuples de Côte d'Ivoire. Elle transcende métaphysiquement toutes les ethnies » (Pierre Kipré, 2002, p.92). Ainsi, officiellement, le but de l'ivoirité serait de donner une identité nationale à la Côte d'Ivoire. Une identité qui rassemblerait les quatre grands groupes ethnolinguistiques du pays. Ce concept tel que perçu par cet intellectuel devrait renforcer l'identité nationale puisqu'il invite à privilégier l'ivoirien et les produits d'origine ivoirienne dans tous les domaines.

Cependant ce concept sera diversement interprété et souvent même instrumentalisé à des fins politiques. Ainsi, des intentions de vouloir écarter Alassane Ouattara, un potentiel adversaire politique dans la course au pouvoir seront prêtées au Président Bédié avec la mise sur la place publique du débat autour de la nationalité de ce dernier.

La charte du nord et l'ivoirité seront en quelque sorte à la base d'une « guerre » ouverte de succession entre Alassane Ouattara et Henri Konan Bédié dans un contexte de crise économique.

4. L'ivoirité, un concept malheureusement galvaudé à l'autel de la politique

Lorsque le fait culturel et le fait politique marchent ensemble, le politique finit par devancer le culturel. En effet, c'est à l'occasion de la Convention du PDCI-RDA en août 1995 à Yamoussoukro, que le président Henri Konan Bédié reparle de ce concept: « *Ce que nous poursuivons, c'est bien évidemment l'affirmation de notre personnalité culturelle, l'épanouissement de l'homme ivoirien dans ce qui fait sa spécificité, ce que l'on peut appeler son ivoirité.* » (Bédié, 1995).

Pour être sincère, le président Bédié a cherché en tout cas, dans ses déclarations publiques et dans ses écrits à se rapprocher de la version culturelle de l'ivoirité. Dans son livre, *Les chemins de ma vie*, il reprend ses idées, en les précisant, comme s'il était incompris, en ces termes : « *L'ivoirité concerne en premier les peuples enracinés en Côte d'Ivoire mais aussi ceux qui y vivent en partageant nos valeurs...elle est la synthèse culturelle entre les ethnies habitant la Côte d'Ivoire.* » (Bédié, 1999, p.44).

Cette version culturelle du concept d'ivoirité sera par la suite infectée par les interprétations diverses des membres de la CURDIPHE, une sorte de « THINK TANK » à l'époque. Pour s'en convaincre, il suffit de convoquer les écrits des membres de la CURDIPHE dans les *Actes du forum Curdiphe du 20 au 23 mars 1996*, publiés sous la direction de Saliou Touré, in Ethics, revue de la Curdiphe, Presses universitaires d'Abidjan, 1996.

Commençons par la précision que fait le professeur Saliou Touré : « *Contrairement à certaines opinions, l'ivoirité n'est ni le fruit d'un sectarisme étroit, ni l'expression d'une certaine xénophobie ; elle est la synthèse parfaite de notre histoire, l'affirmation d'une manière d'être originale, bref un concept fédérateur de nos différences. ».*

Pourtant, très tôt une certaine ambigüité s'installe dans la tête du président de la CURDIPHE, Benoît Sacanoud, pour lui, la définition donnée par Henri Konan Bédié est insuffisante, il faut la compléter. Et pourtant le président Henri Konan Bédié, a délimité cet espace sous la figure affective d'une image métaphorique: "avoir de notre pays l'image d'une nation qui ait réussi une synthèse culturelle originale et féconde sous le blanc manteau de l'ivoirité". [...].

A l'opposé de ce beau concept, Benoît Sacanoud, président de la CURDIPHE écrit: *«De ce point de vue, l'ivoirité apparaît comme un système [...] dont la cohérence même suppose la fermeture. Oui, fermeture... Fermeture et contrôle de nos frontières: veiller à l'intégrité de son territoire n'est pas de la xénophobie. L'identification de soi suppose naturellement la différenciation de l'autre et la démarcation postule, qu'on le veuille ou non, la discrimination. Il n'est pas possible d'être à la fois soi et l'autre.»*(p. 40.).

Cette reclamation revient dans les propos du professeur Niamkey Koffi qui déclare : *« pour construire un NOUS, il faut le distinguer d'un EUX. Il faut parvenir à établir la discrimination NOUS/EUX d'une manière qui soit compatible avec le pluralisme des nationalités. »* (Citation tirée des « Actes du forum de la Curdiphe du 20 au 23 mars 1996).

Il va se développer une idéologie de l'ivoirité où la nation et la citoyenneté sont redéfinies à partir d'une distinction entre les authentiques autochtones (*« Ivoiriens de souche »*) et les diverses autres composantes de la population. Et c'est là que le concept culturel bascule vers la politique. Par la suite, il va apparaître dans notre code électoral une « clause d'ivoirité », qui conditionne la candidature à l'élection présidentielle au fait d'être *« né ivoirien de père et de mère eux-mêmes nés ivoiriens »*.

La candidature du Dr Alassane Ouattara, avait été invalidée par la Cour suprême en 2000 parce qu'il n'était pas suffisamment ivoirien. La guerre qui a éclaté en Côte d'Ivoire dans la nuit du 18 au 19 septembre 2002, et qui a fait beaucoup de mal au pays, a été due, selon ceux qui l'ont déclenchée, au fait qu'une certaine catégorie des populations ivoiriennes, les populations du Nord en l'occurrence, se sentaient mal. Pour la méga star du reggae, Alpha Blondy, *« La guerre ivoirienne résulte du fait qu'on a refusé à des citoyens le droit d'obtenir leur papier d'identité.»* (**Propos recueillis à l'Université de Lausanne (EPFL) par El Hadji Gorgui Wade NDOYE (ContinentPremier.Com))**.

III-DES QUERELLES A LA SUCCESSION D'HOUPHOUET AUX RELATIONS TUMULTUEUSES ENTRE GUEI ET BEDIE

1- Les querelles autour de la succession d'Houphouët-Boigny

La conjoncture économique était préoccupante. L'économie de la Côte d'ivoire était en pleine récession en 1993. Le PIB a baissé de 4,6% en 1990, de 2% en 1991 et le gouvernement annonça en mai 1993 une baisse probable de 2% pour l'année 1992. Ainsi, le principal souci du gouvernement Ouattara est de réformer l'économie ivoirienne en difficulté. On assiste à l'instauration d'une politique d'austérité préconisée par les institutions de Brettons Wood caractérisée par la réduction du quart de l'effectif des fonctionnaires, la réduction des dépenses publiques de l'Etat ; c'est la fin de l'Etat providence.

Sur le plan financier et monétaire, une véritable crise oppose la zone franc au FMI. La récession rend délicate le maintien de la parité du franc CFA. C'est la période de la dévaluation du FCFA et de la privatisation de plusieurs entreprises publiques et son lot de conséquences.

C'est dans ce contexte que Alassane Dramane Ouattara, Premier ministre depuis novembre 1990, dirige l'exécutif ivoirien quasiment seul en raison de la dégradation de l'état de santé d'Houphouët-Boigny, tandis qu'Henri Konan Bédié, le président de l'Assemblée nationale, est selon l'article 11 de la constitution celui qui doit succéder à Houphouët au cas où celui-ci ne pourrait achever son mandat (Bernard Bayle, 2007, p.31).

Constitutionnellement, les choses sont claires : si Houphouët ne finit pas son mandat, Bédié lui succédera jusqu'aux élections de 1995. Mais selon certaines sources, le premier ministre d'alors aurait eu l'intention de manœuvrer pour assurer la transition en cas de décès du président Houphouët. Ernest Foua de Saint-Sauveur affirme à cet effet : « En collusion avec Philippe Grégoire Yacé[4], président du Conseil économique et social, [...] il (le premier ministre) manœuvre pour mettre en place un Conseil d'état dont la mission serait de gérer l'après-Houphouët » (2003, p44).

Ces insinuations montrent clairement que l'après Houphouët allait être tumultueux du fait des ambitions de la classe politique de l'époque. Mais derrière cette guerre de succession se profile en réalité des antagonismes politiques, ethniques, régionalistes et religieux. Les revendications et les clivages qui avaient été bridés par le défunt président et sa politique d'unité nationale éclatèrent au grand jour sous la forme d'une lutte pour le contrôle du pouvoir entre les « nordistes musulmans » affiliés à la mouvance de l'ancien Premier ministre et les « sudistes chrétiens », tout particulièrement ceux du groupe akan, qui se reconnaissent en Henri Konan Bédié issu de l'ethnie baoulé comme son prédécesseur (Coulibaly Tiemoko, 1995, p.143).

Ces tensions vont s'exacerber jusqu'à aboutir au boycott actif des élections de 1995 avec d'un côté le Front républicain formé par le FPI de Laurent Gbagbo et le RDR d'Alassane Ouattara et de l'autre côté le camp Bédié qui sera largement élu lors de ces élections. La gouvernance du président Bédié sera marquée par des moments de tensions entre les principaux acteurs politiques.

---

[4] Président du Conseil Economique et Social (1985-1998)

2- Les relations tumultueuses entre Bédié et Gueï

Selon un article de la revue *Jeune Afrique*[5] Houphouët se méfiait de Robert Gueï. C'est pour l'avoir à l'œil que, en 1990, il avait nommé ce jeune colonel de 49 ans au poste de chef d'état-major des Forces armées nationales de Côte d'Ivoire (Fanci), alors que celui-ci était loin d'être l'officier le plus ancien dans le grade le plus élevé. Successeur constitutionnel d'Houphouët, Henri Konan Bédié redoutait, pour sa part, l'indépendance et l'esprit frondeur de Gueï, dont la popularité chez les hommes du rang l'agaçait. Un jour d'octobre 1995, il l'a donc relevé de son poste pour le nommer ministre du Service civique, puis par la suite, son ministre de la Jeunesse et des Sports. Le chef d'état-major venait, il est vrai, en cette veille d'élection, de refuser de réprimer les manifestations de l'opposition. *« L'armée ne doit intervenir que lorsque la République est en danger, avait-il expliqué au cours d'une mémorable conférence de presse. Dès lors que la compréhension guide les pas de chacun, qu'il soit du parti au pouvoir ou de l'opposition, je ne vois aucune raison pour que les militaires aillent s'exciter dans la rue*[6] » disait-il. Bédié lui a donc fait payer ces propos téméraires. L'année suivante, il ira encore plus loin en le radiant de l'armée à la suite d'un « complot » dont la réalité est loin d'être avérée.

Quatre ans après l'affront, et alors même qu'il venait d'être amnistié et mis à la retraite d'office, le général prend donc une éclatante revanche en devenant le troisième président de la Côte d'Ivoire indépendante, à l'issue d'une mutinerie conduite par ses « jeunes gens ».

---

[5] Article disponible sur le site de Jeune Afrique à l'adresse : https://www.jeuneafrique.com/206507/politique/qui-tait-robert-guee/
[6] Idem

Au total, la crise de 1999 a des racines très profondes. Elle tire sa source au début des années 1990 avec les velléités identitaires marquées par la charte du nord qui vont alimenter les querelles de succession en passant par le concept de l'ivoirité qui sera instrumentalisé à des fins politiques. Ajouter à cela, la crise financière et les tensions entre les acteurs politiques du moment vont précipiter le pays dans le gouffre avec l'avènement des militaires au pouvoir.

IV- DE LA MUTINERIE A L'AVENEMENT DU GENERAL GUEÏ AU POUVOIR

Le coup d'état de 1999 commence par une mutinerie jugée anodine par le pouvoir en place. Cette mutinerie débouchera sur le renversement du pouvoir Bédié et l'avènement du Comité National de Salut Public dirigé par le Général Robert Gueï.

I. De la mutinerie du 23 au 24 décembre au renversement du pouvoir Bédié

Lorsque le putsch commence le matin du 23 décembre 1999, la Côte d'Ivoire semblait au bord de l'explosion politique. Ainsi, le 23 décembre 1999, à l'aube, des anciens soldats ivoiriens de la MINURCA[7] se sont emparés d'un dépôt d'armes et de munitions dans le camp militaire d'Akouédo (Hervé Tailliez, 2001, p.61). Les autorités ivoiriennes ne prennent pas au sérieux cette mutinerie. Bédié lui-même est à Daoukro, son village natal, et ne semble pas se soucier de ces événements, du moins au départ. Il charge le Premier ministre Kablan Duncan de régler la question. Ce dernier ne peut, en cours d'après-midi, que constater l'échec des soldats envoyés «mater» les mutins d'Akouédo, lorsque nombre d'entre eux se répandent dans les rues d'Abidjan, tirant des rafales en l'air. Bédié décide alors de rentrer à Abidjan en fin de journée.

Dans la nuit du 23 au 24, le colonel-major Mathias Doué est nommé à la tête des forces terrestres et chargé par le Premier ministre et le gouvernement d'assurer l'interface avec les mutins. Une délégation de mutins commandée par

---

[7] Mission des Nations Unies en République Centrafricaine à laquelle la Côte d'Ivoire avait participé avec un contingent de soldats.

27

Boka-Yapi est alors reçue par le Premier ministre. Mais les négociations se soldent par un échec. Les mutins se rendent maîtres de l'aéroport de la radio et de la télévision le 24 décembre. De plus, le matin du 24, les mutins ont demandé au général Gueï de les représenter. Ce dernier a alors déclaré se mettre au service « des jeunes gens » afin de les aider à « résoudre leurs problèmes ». C'est ainsi qu'il prononce à la télévision la destitution de Bédié et la création d'un Comité National de Salut Public (CNSP) dont il prend la tête.

2. L'avènement du Comité National de Salut Public

Le putsch a rapidement fait tomber le régime d'Henri Konan Bédié. Il dut être évacué par l'armée française au Togo. Le régime de Bédié est remplacé par un comité national de salut public (CNSP) présidé par le général Gueï, officiellement porte-parole des mutins puis propulsé par les événements. Le CNSP se donna comme objectif d'assurer une transition avant le vote d'une nouvelle constitution et la remise du pouvoir aux civils.

Il est indéniable que le putsch fut accueilli très favorablement par une majorité écrasante de la population qui vit dans les militaires des sauveurs. Gueï Robert fut même surnommé « le père noël » par la population. Les propos relevés par les différents médias ivoiriens se caractérisent par leur unanimisme. Tous ceux qui s'expriment prennent acte du coup d'état exceptionnel qui s'est déroulé sans effusion de sang. Le général Gueï, nouvel homme fort du pays, va d'ailleurs donner de nombreux signes rassurants, tant au peuple ivoirien qu'à la communauté internationale.

S'il bénéficie du soutien populaire lors de l'immédiat après putsch, cela n'est pas seulement dû au discrédit dont souffrait le pouvoir Bédié, mais aussi au discours qu'il a tenu. En effet, il déclara que le pouvoir ne l'intéressait pas et qu'il était venu seulement « balayer la maison ivoirienne » avant de remettre le pouvoir aux civils (Bernard Bayle, 2007, p.59). D'ailleurs, ceux-ci sont associés au pouvoir au sein du CNSP. En effet, le général Gueï a fait appel aux partis d'opposition pour former son gouvernement. Mais il réserve les quatre ministères principaux aux militaires : la Sécurité, les Affaires étrangères, l'Intérieur et la Défense qu'il se réserve personnellement. De Noël 1999 à octobre 2000, la Côte d'Ivoire vit donc sous un régime de « transition ». Cette période va être marquée par une recomposition assez profonde de la donne politique. Les principales formations politiques, PDCI, FPI, RDR, vont se repositionner stratégiquement en vue des élections mais aussi idéologiquement. C'est avant tout la fin de l'alliance FPI/RDR.

Cette évolution importante de la situation politique ivoirienne a été causée par un coup d'état militaire, lui-même issu au départ d'une petite mutinerie d'une poignée de soldats. Cette crise aura d'énormes conséquences sur l'histoire politique de la Côte d'ivoire. Les plaies causées par cette crise tenteront d'être pansées lors du forum de réconciliation nationale.

V - LES CONSÉQUENCES DE CETTE CRISE ET LA TENTATIVE RÉSOLUTION À TRAVERS LE FORUM DE RÉCONCILIATION NATIONALE

Le coup d'état en Côte d'Ivoire en 1999 marquera le début d'une instabilité politique du pays et accentuera la fracture sociale déjà visible dans le pays depuis le début des années 1990. Les problèmes nés de cette crise sans précédent tenteront d'être résolus lors du forum de réconciliation nationale.

1- Le début d'une instabilité politique

Le coup d'état militaire de 1999, même s'il a été salué par bon nombre de la population et de la classe politique, ouvre une ère d'instabilité politique du pays. En effet, la Côte d'Ivoire, jadis havre de paix vient compléter la longue liste des Etats africains ayant connu des crises sociopolitiques après les indépendances des années 1960. Ce coup d'état marque la fin du régime PDCI au pouvoir depuis l'indépendance en 1960. Cette rupture brutale marquera à jamais l'histoire de ce pays. Celui-ci connaîtra un cycle d'instabilité sans précédent avec des élections émaillées de troubles en octobre 2000 avec son corollaire de nombreuses pertes en vies humaines.

Cette violence atteint son paroxysme dans la nuit du 18 au 19 septembre 2002 avec la tentative de coup d'état qui se transformera en rébellion armée qui va scinder le pays en deux pendant environ dix ans. Une violente crise postélectorale se signalera également entre 2010 et 2011.

En un mot, la prise du pouvoir par les armes en 1999 a été l'élément déclencheur de cette vague de violence armée dans le jeu politique ivoirien. Cela va s'exacerber avec la nouvelle constitution de 2000 qui réveillera un vieux débat sur la question de la nationalité, créant ainsi une facture sociale.

2- Les germes d'une fracture sociale

Le pouvoir politique désormais aux mains des militaires sera partagé avec les partis politiques de l'opposition notamment le RDR d'Alassane Ouattara et le FPI de Laurent Gbagbo avec en ligne de mire les élections présidentielles d'octobre 2000. A la faveur de ce putsch, une nouvelle constitution est votée en aout 2000, créant ainsi la IIe république de Côte d'Ivoire. Cette constitution suscitera de virulents débats remettant au gout du jour la question de l'ivoirité avec la notion de « et/ou » qui semblait remettre en cause l'éligibilité du candidat Alassane Ouattara. Il sera finalement jugé inéligible aux élections de 2000 qui verront s'affronter dans les urnes et plus tard dans les rues Robert Gueï et Laurent Gbagbo. Cela va malheureusement accentuer le climat de méfiance entre les populations se reconnaissant en ces leaders politiques.

L'on assistera à des joutes verbales par presses interposées entre les deux anciens partis alliés au sein du Front républicain, musclant ainsi discours politique avec une Côte d'ivoire qui semblait être divisée. La fracture entre Malinké du nord, Bété et Dan à l'ouest et Baoulé au centre cristallisée autour des quatre leaders politiques Alassane Ouattara, Laurent Gbagbo, Robert Gueï et Henri Konan Bédié et palpable. Chose que le nouveau régime de Laurent Gbagbo tentera de résoudre à travers l'organisation du Forum de réconciliation nationale.

3- Le forum de réconciliation nationale, un véritable fiasco

Le Forum pour la Réconciliation Nationale en Côte d'Ivoire visait, comme stipulé par le triptyque qui le sous-tendait, la Vérité, la Repentance et le Pardon, afin d'aboutir à la Réconciliation. Après une transition militaire et une élection présidentielle difficile en octobre 2000, Laurent Gbagbo accède à la Magistrature suprême. Il impulse alors le Forum pour la réconciliation nationale du 9 octobre au 18 décembre 2001. Cette rencontre des Ivoiriens avec eux-mêmes, escomptait « donner l'occasion à tous (...) de se parler, de s'écouter et de s'exprimer sur toutes les causes possibles des tensions sociales », afin de procéder à une sorte de catharsis collective, suivant le modèle sud-africain (Mian Gérard AYEMIEN, 2024, p.147). L'objectif final étant d'aboutir à une réconciliation nationale. Le Forum, présidé par Seydou Diarra a recommandé la reconnaissance de la nationalité ivoirienne d'Alassane Ouattara, ainsi que celle de la légitimité du gouvernement de Laurent Gbagbo. Ainsi, en mars 2002, la justice ivoirienne a délivré un certificat de nationalité à M. Alassane Ouattara.

Malgré cela, quelques mois seulement après la cérémonie de clôture de cette grande rencontre, le 19 septembre 2002, une tentative de coup d'État à Abidjan s'est transformée en un soulèvement armé au cours duquel le général Robert Guéi et le ministre de l'Intérieur, Émile Boga Doudou, ont été tués. Les villes de Bouaké et de Korhogo, sont passées sous contrôle des rebelles[8]. Dès le début du soulèvement, les causes évoquées par la rébellion sont notamment : la contestation de la légitimité du pouvoir élu, la dénonciation des injustices subies par les populations du nord, victimes d'un déni de citoyenneté et la question foncière, matérialisant ainsi l'échec du Forum.

---

[8] Ce rappel historique est fait par le rapport final de la Commission Dialogue Vérité et Réconciliation de 2014 dirigé par l'ex Premier ministre feu Charles Konan Banny.

CONCLUSION

Le coup d'état de 1999 en Côte d'Ivoire est la résultante d'un climat politique, économique et militaire difficile. Ce putsch marque l'avènement des militaires dans l'arène politique et entraine malheureusement le pays dans une instabilité ouvrant la porte à une série de crises continuelles que même le forum de réconciliation nationale de 2001 n'a pas pu résoudre au point où les crises qui se sont succédées étaient de plus en plus violentes.

Ainsi, pour garantir la stabilité et le développement de la Côte d'ivoire, n'est-il pas nécessaire d'instaurer un dialogue franc et perpétuel entre les différents acteurs politiques qui aboutira à une réconciliation vraie et une paix durable en Côte d'Ivoire ?

BIBLIOGRAPHIE

- Bernard Bayle, *Côte d'Ivoire 1993-2003 : Autopsie d'une déchirure*, Mémoire de maîtrise d'Histoire Université Paul-Valéry-Montpellier III, Presses universitaires de la Méditerranée, 2007, 302p.

- Commission Dialogue, Vérité et Réconciliation, *Rapport final*, Décembre 2014, 125p.

- Coulibaly Tiemoko, « Démocratie et surenchères identitaires en Côte-d'Ivoire » In *Politique africaine*, n°58, 1995, pp. 143-150.

- Ernest Foua de Saint-Sauveur, « La Côte d'Ivoire, chronique d'un scénario de crise », *Les cahiers de l'Afrique : revue d'étude et de réflexion sur le monde africain*, deuxième trimestre 2003, n°2, 167p.

- Hervé Tailliez, *Le coup d'état du 24 décembre 1999: les raisons de l'éclatement du système ivoirien*, mémoire IEP Bordeaux, 2001, CEAN-ME-CI-507,61p.

- Jeune Afrique, « Qui était Robert Gueï ? » in https://www.jeuneafrique.com/206507/politique/qui-tait-robert-guee/, consulté le 22/10/24 à 22h

- Mian Gérard Ayemien, « Le « pardon » dans les discours lors du Forum pour la réconciliation nationale en Côte d'Ivoire : une question de posture ? » Revue des Arts, Linguistique, Littérature & Civilisations, n°09, Université Peleforo Gon Coulibaly-Korhogo, Mars 2024, pp.147-162.

- Pierre Kipré, « Les discours politiques de décembre 1999 à l'élection d'octobre 2000 », in Marc Le Pape, Claudine Vidal, *Côte d'Ivoire, l'année terrible, 1999-2000*, Karthala, Paris, 2002, 354p.

- Simon Pierre EKANZA, Côte d'Ivoire : terre de convergences et d'accueil (XV-XIX siècle), Histoire de la Côte d'Ivoire », paru en 2006, aux éditions CERAP.

- les *Actes du forum Curdiphe du 20 au 23 mars 1996*, publiés sous la direction de Saliou Touré, in Ethics, revue de la Curdiphe, Presses universitaires d'Abidjan, 1996.

www.ingramcontent.com/pod-product-compliance
Lightning Source LLC
Chambersburg PA
CBHW070931270326
41927CB00011B/2820